HANDWRITING

FOR

PRESCHOOL

Author Lynn Franklin

Copyright © 2020 by Lynn Franklin. All Rights Reserved.

No part of this publication may be reproduced, distributed, or transmitted in any form or by any means, including photocopying, recording, or other electronic or mechanical methods, or by any information storage and retrieval system without the prior written permission of the author, except in the case of very brief quotations embodied in critical reviews and certain other noncommercial uses permitted by copyright law.

beaver

beaver

b b b b b b

b b b b b b

crab crab

crab crab

c c c c c c

c c c c c c

D is for.........
Donut
Dolphin
Deer
Duck
Dog
Dump Truck

eagle eagle

eagle eagle

e e e e e e

e e e e e e

fox fox fox

fox fox fox

f f f f f

f f f f f

gorilla

gorilla

g a a a a a

a a a a a a

hedgehog

hedgehog

h h h h h

h h h h h

ibex ibex

ibex ibex

i i i i i i i i

i i i i i i i i

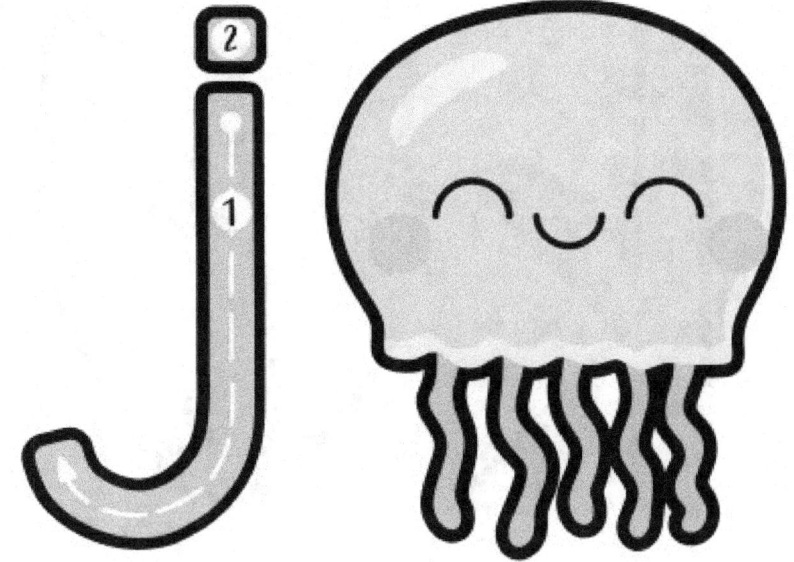

jellyfish

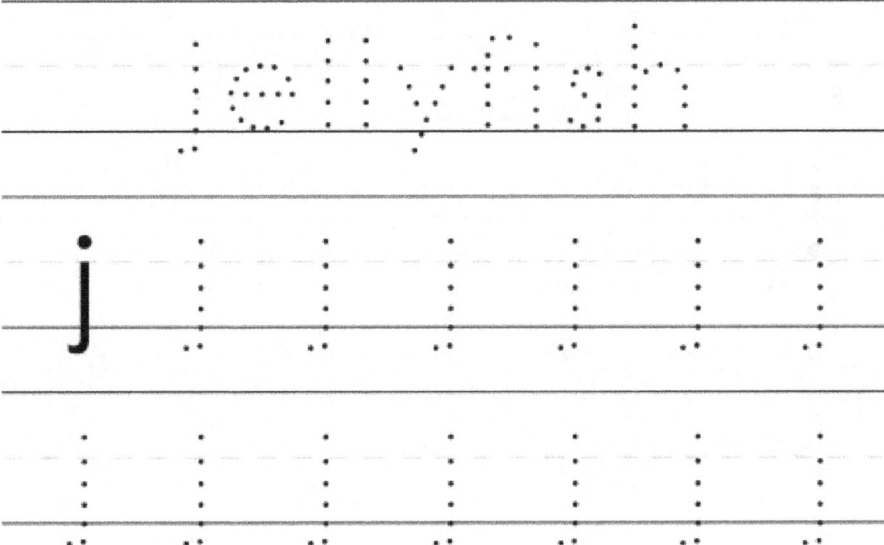

Lowercase Letters

kangaroo

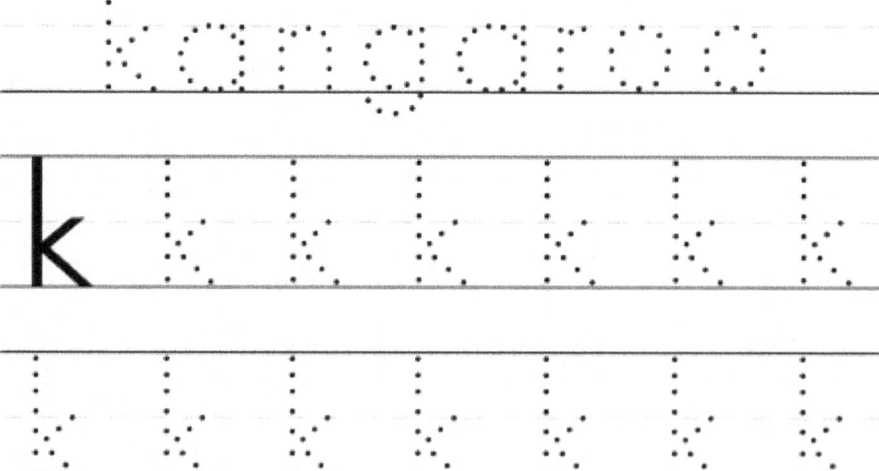

ladybug

ladybug

l

Narwahl

octopus

octopus

o o o o o o o

o o o o o o o

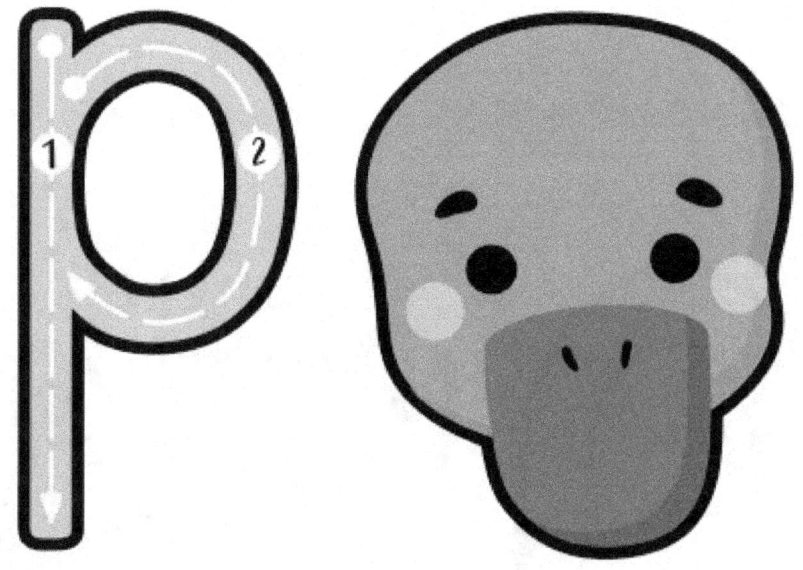

platypus

raccoon

raccoon

r r r r r r r r

r r r r r r r r

sheep

sheep

s s s s s s s s

s s s s s s s s

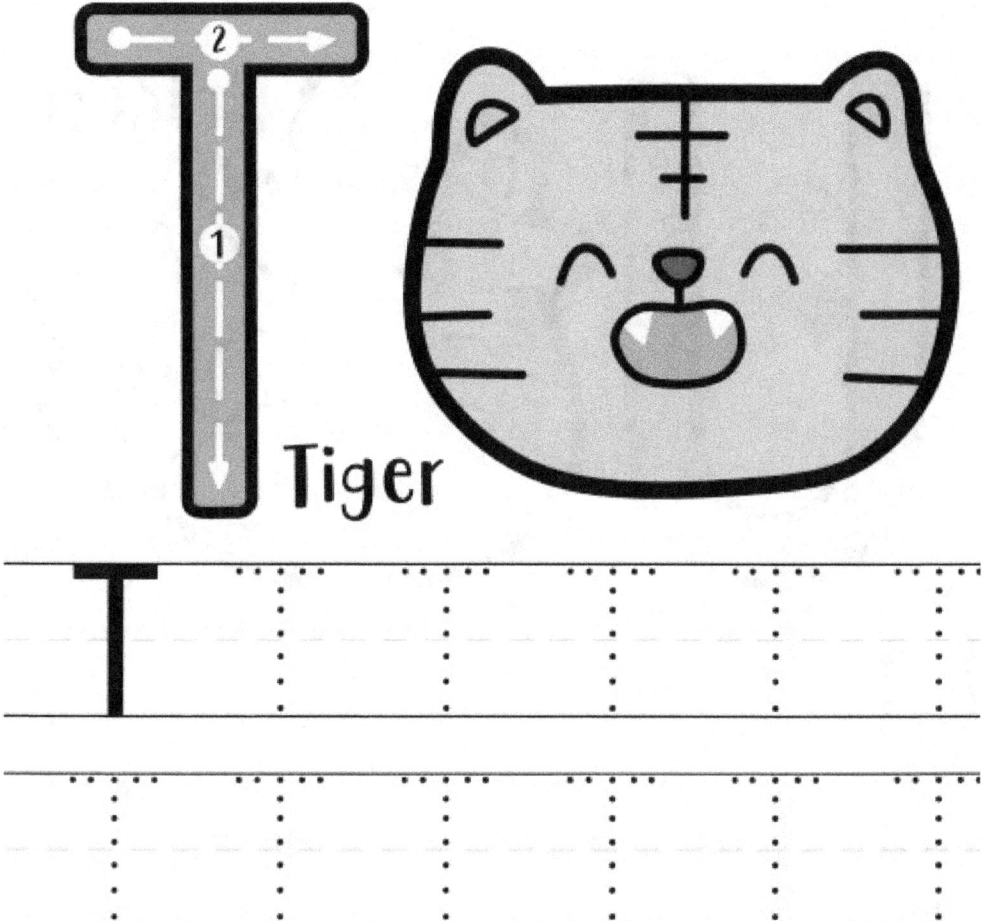

vipers

vipers

v v v v v v v

v v v v v v v

whale

whale

w w w w w w

w w w w w w

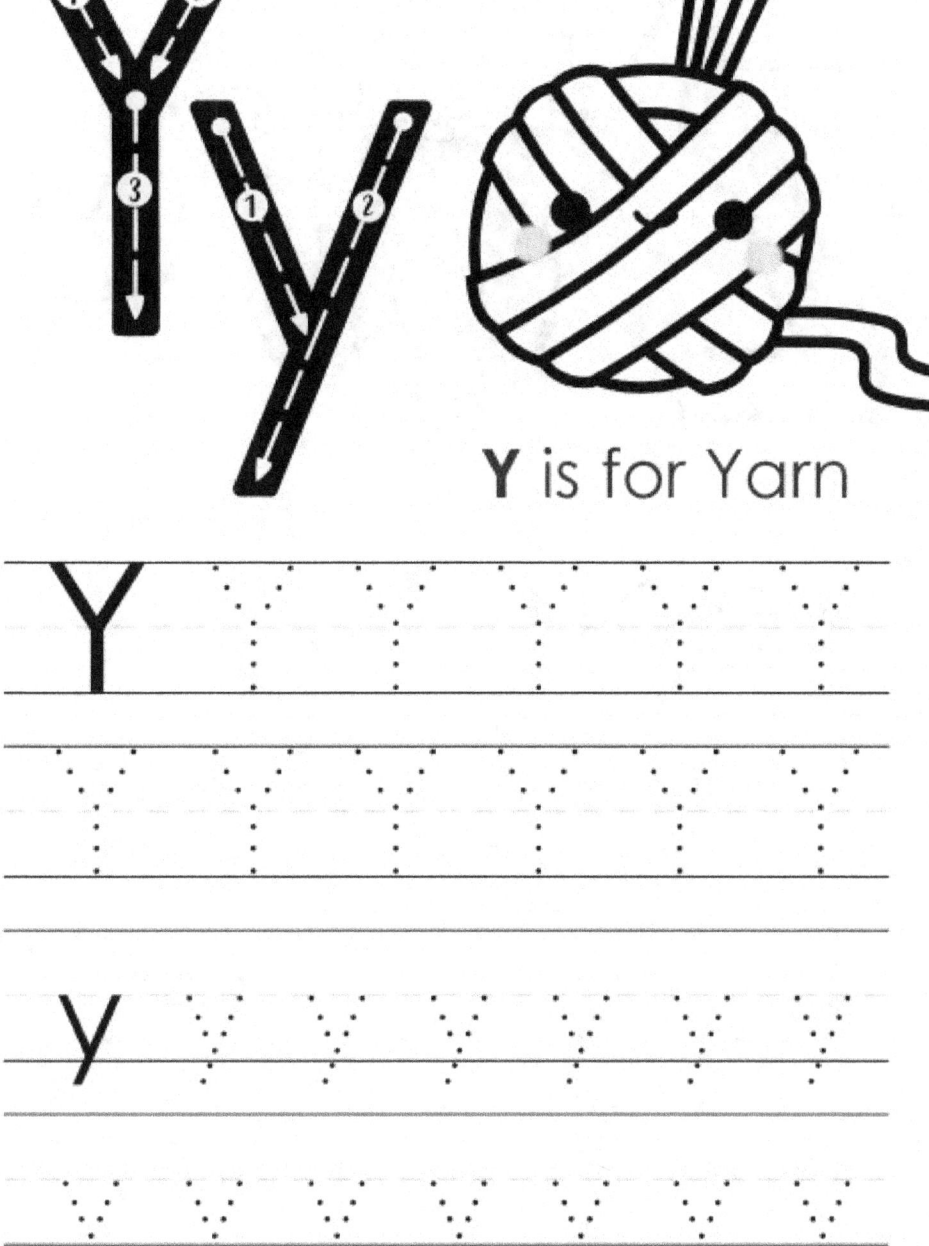

Y is for Yarn

zebu zebu

zebu zebu

z z z z z z z

z z z z z z z

ABCDEF
GHIJKL
MNOPQR
STUVWX
YZ1234

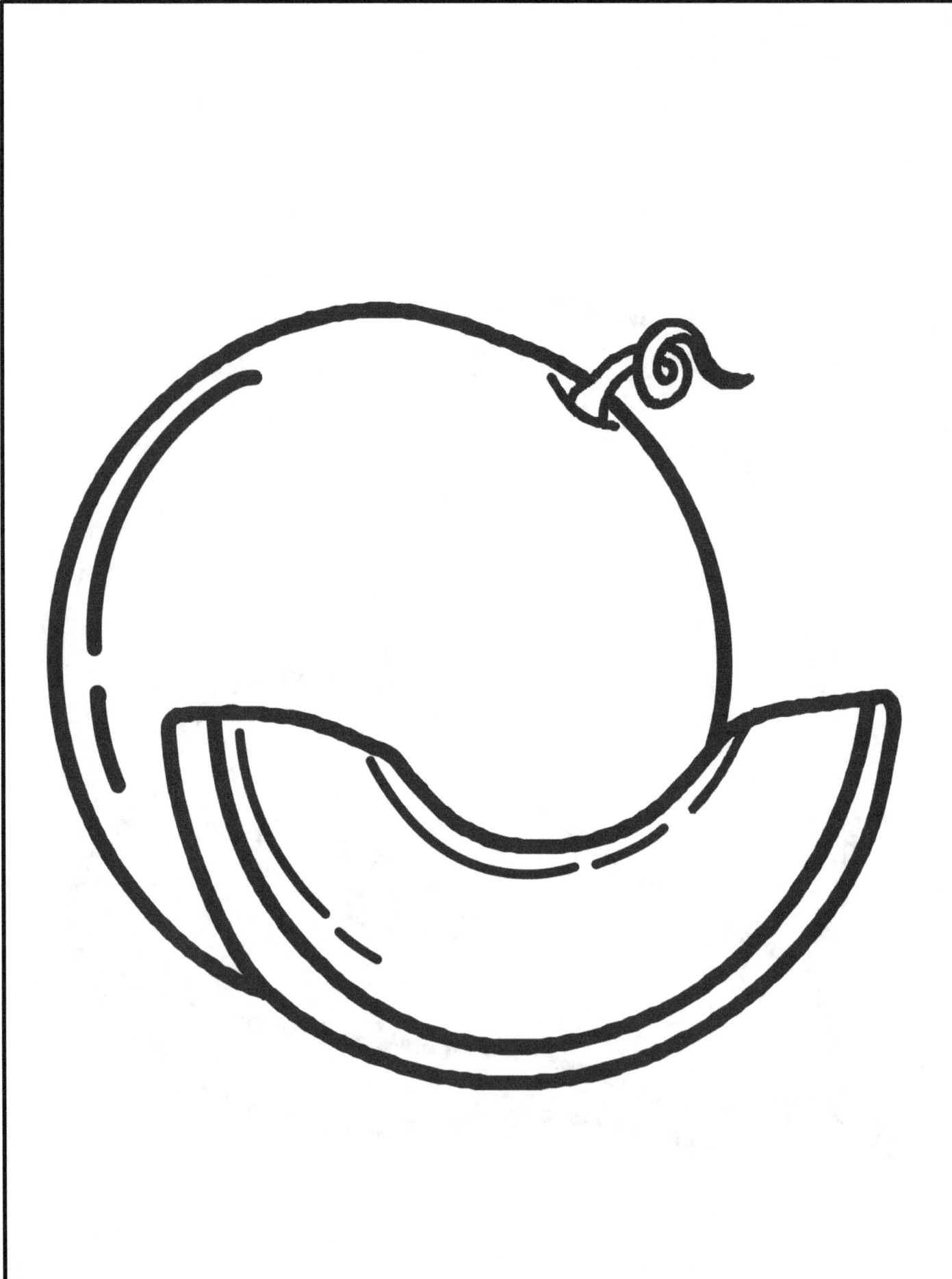

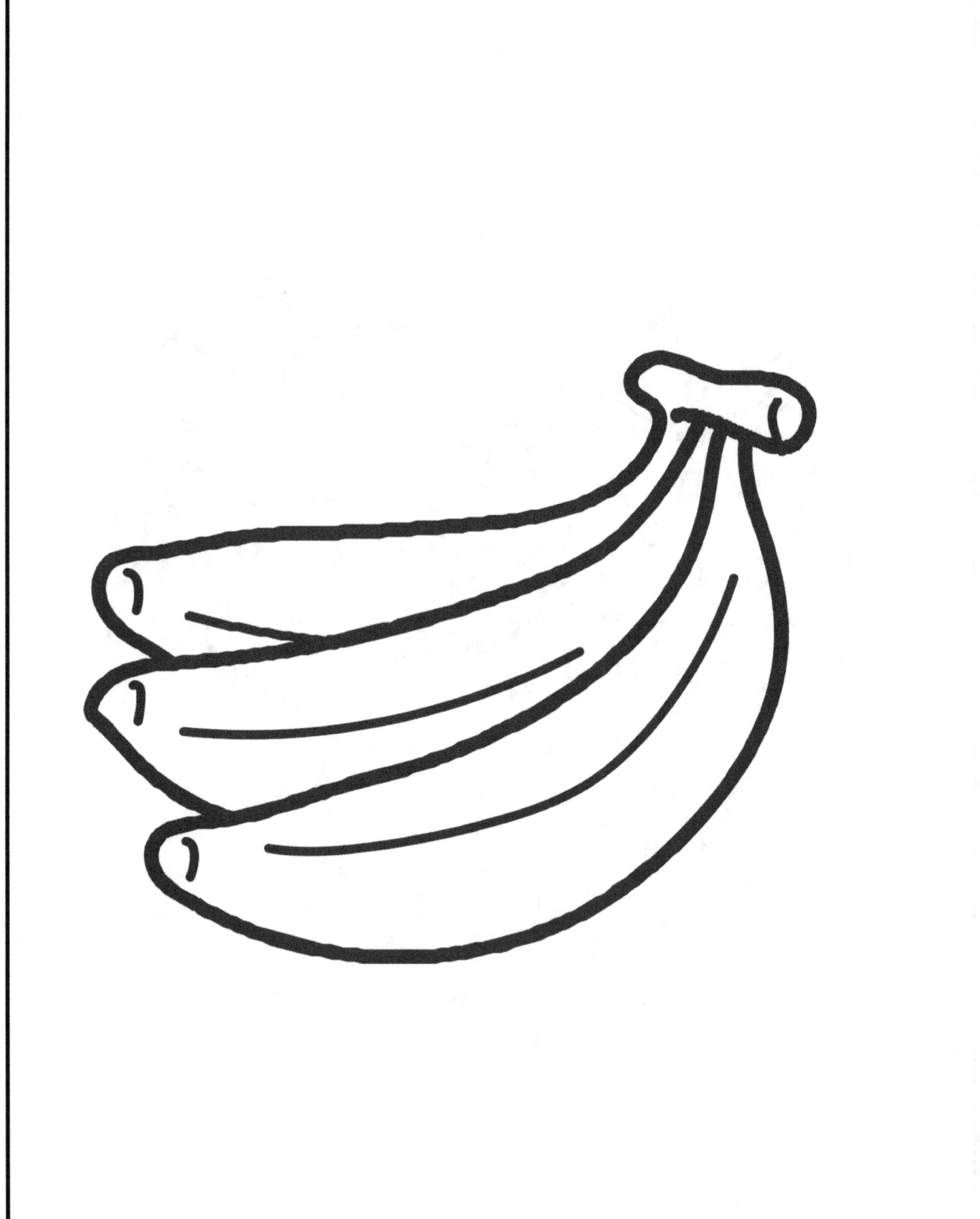